어쩌자고 너의 뺨에 손을 댔을까

어쩌자고 너의 뺨에 손을 댔을까

김선향 시집

청색종이

시인의 말

'시'라는 진창에 빠져 허우적거렸다.
그게 또 그렇게나 황홀했으니.
이번이 마지막일 거란 생각에 자주 사로잡혔다.

떠날 수도 머물 수도 없었던 경계에서
너절한 기록을 남기는 이유를 아직은 모르겠다.
차라리 악보를 들고 노래나 부를 것을.

반거충이의 생이 이렇다.

그의 영혼이 어서 베트남으로 돌아가기를…….

김선향

차례

어쩌자고 너의 뺨에 손을 댔을까

김선향 시집

5 시인의 말

I

13 80㎝
14 쓰는 여자들의 방
16 때돈 버는 언니들
18 피에타
20 도망친 여자
22 지난여름의 일
23 임종
24 숙곡리 할매들
26 선인장
28 우리 월미도(月尾島)
30 나는 얼마입니까?

II

37 의자와 고양이
38 밀림 여관
40 봄밤

42 게릴라 걸스
47 드라우파디
52 튤립, 튤립들
54 흡혈박쥐
56 말과 함께 눈을
58 나혜석
60 후문들
62 금촌역 그 여자
64 꽃을 사주세요
66 춤추며 타오르며

Ⅲ

71 열대야(熱帶夜)
73 어렸을 때, 셋
74 파초 아래
76 어쩌면
78 당진 언니
80 유니폼
82 단전(斷電) 안내문이 붙던 날
84 물경 십일만 원
86 하노이에서 온 사람들
89 한밤의 그것
92 이천 원
94 앞을 볼 수도 없는 당신에게
96 김초원 선생님
99 띤띤의 편지
102 오른다

IV

- 107 엄마 찾아 삼십 리
- 108 예버덩문학의집 성가족(聖家族)
- 110 호구라는 말
- 111 축복의 티눈
- 112 라일락 아래 홈리스
- 114 마당이 없는 집을 지날 때면
- 116 산호 선인장
- 118 입관실에서
- 120 어떤 49재
- 122 뜻밖의 일
- 124 복도에서
- 126 인천국제공항에서
- 128 이제서야
- 129 강릉역

해설
- 133 죽임을 살림으로 바꾸는 마녀의 시 | 황규관(시인)

I

80㎝

너의 반쯤 감은 눈동자
아니 반쯤 뜬 눈동자

너를 잊을 수 없게 하네
나를 견딜 수도 없게 하네

어린이집에 간 지 겨우 닷새째
이불을 씌우고 베개를 올린 거대한 그림자 아래
너의 발버둥과 파닥거림이 이어지던 14분

네 어미 보티늉은 네가 누운 작은 관에
털신과 장갑을 함께 넣었단다
영상통화로 입관식을 지켜보던 네 외할머니는
베트남 하띤에서 오열하는구나

나는 어쩌자고 너의 뺨에 손을 댔을까
얼음장 같아 얼른 손을 뗐지만
손바닥엔 화인이 찍히고 말았구나

쓰는 여자들의 방

어머니 집에 오니 거실은 물론이고
안방까지 난방을 끄셨다
아직 입춘이 지났을 뿐인데
어머닌 겨우내 이렇게 지내신 셈인가

따뜻한 곳은 내가 머무는 방뿐

식탁에 노트북을 펼치자
손가락이 곱아
끙끙거리며 교자상을 방으로 옮긴다

시를 얻으려 소설을 낳으려 저마다
토지문화관에 연희문학창작촌에 예버덩문학의집에
저 멀리 땅끝 해남까지도 가고 제주도로 가파도로도 건너가고
호텔 프린스로도 간다

나는 여태껏 그런 델 가보지 못했다

그래서 시를 제대로 못 쓰는 셈인가

교자상은 뭔가 불편하고
냉골에 누워 계신 어머닌 마음에 걸리고

고관절염 때문에 콜레트는 침대에 접이식 책상을 올리고
장지에(張潔)는 변기 위에 널판때기를 올려놓고*
앨리스 먼로는 세탁실에서 소설을 썼다

여자들은 서재 대신 아무 데서나 쓴다
도박에 빠진 아버지를 찾으러 가서든
아픈 아이를 어르던 병실에서든

쓰는 여자들은 벽이 없다

---

* 타니아 슐리, 『글 쓰는 여자의 공간』, 남기철 옮김, 이봄, 2016.

때돈 버는 언니들

오가다 만난 사람들처럼 이름도 나이도 모른 채
어느 틈에 정이 들기도 한다지
영등포 언니, 제주 언니라 부르며
박카스를 주고받기도 한다지

요즘은 '세신사'라 부르지만
오랫동안 '때밀이 아줌마'라 불렸던 사람들

전염병이 창궐하니 손님이 뚝 끊겨
생계가 막막해졌는데도

날마다 때돈을 번다며 호탕하게 웃던 사람
자식들이 창피하다며 뜯어말려도
자신의 일에 떳떳한 사람

인사도 없이 북쪽으로 이사를 왔지만
등이 가려울 때마다 생각나는 봉천동 그 사람

건장하고 부지런하고 자신의 일에 성실했던
베이징의 인력거꾼 샹즈*와 닮은 언니, 언니들

* 중국 작가 라오서의 1937년 첫 장편소설 『낙타 샹즈』의 주인공.

피에타

베트남 사람 TRẦN ANH ĐÔNG의
한국 이름은 천안동입니다

흰 포대기로 싼 주검을 부둥켜안고
그는 서 있습니다

영문도 모른 채

두 눈을 감고
어금니를 꽉 물고

아들의 빈소를 꾸리기 위해
화성 함백산 추모공원으로 가야 합니다

동탄성심병원 지하 주차장에서
차편을 기다리고 있습니다

어린이집에서 낮잠을 자던 아기가

숨을 쉬지 않는다고 했습니다

눈물도 나지 않습니다

허리 수술 후 실업급여로 살아갑니다
그래도 내년 봄 아들의 첫돌에는

한국 사람들처럼
허름한 빌라에 사는 이웃들에게
백설기를 돌리고 싶었습니다

도망친 여자

제주도 오름,도 좋지만
강원도 버덩,이 더 좋더군요
예버덩,도 좋지만은
고평(古坪)이란 옛 지명에 더 끌리는군요

버덩이라 하면
높고 평평하며 나무는 없이 풀만 우거진 거친 들

버덩, 버덩,
입안에서 굴리면 오름,처럼 매끄럽진 않아요
뭔가 좀 울퉁불퉁하죠
어쩌면 아등바등 같기도

그러니까 여긴 횡성군 강림면 강림리 417번지랍니다
(도피처를 공개하다니요)

떠나오기 전 무슨 암시처럼 엄지발톱이 빠졌지요
빠진 발톱을 사흘 만에야 버리고

사직서는 막상 내지도 못한 채 무작정 도망쳤어요

만신창이라 할까요
누더기 아니면 엉망진창이라 할까요
그게 그거입니다만
난 몸과 마음이 상처로 가득 찬, 불붙은 여자였어요[*]

주천강 백로와 가문비나무와 검은제비나비와
오늘부터 1일입니다

머지않아 새 발톱이 나겠죠
그렇다면 새로운 삶도 가능할까요

---

[*] 김홍근, 페데리꼬 가르시아 로르까의 『피의 결혼』에서.

지난여름의 일

서대산 일불사에서 49재를 지내며
아버지의 옷가지와 노잣돈과 사진까지 태웠다
그전에 죽은 아버지를 태웠지

중환자실에 누워있는
의식불명의 아버지 손을 건드렸다
나는 벌레를 보듯 눈살을 찌푸렸지

밀가루 반죽처럼 부풀어 오른 아버지 손을
나는 잡지 않았다
마지막 순간인 줄 뻔히 알면서도

솟아오르는 검은 연기의 끝에는
배롱나무꽃이 붉다
아버지보다 더 좋아하는 까마귀가
나 대신 슬피 울어 주겠지

까악까악 깍 까아아아아악!

임종

틀니를 뺀 그녀의 입은
똥구멍처럼 주름이 자글자글했다

벌어지고 오므라들기를
되풀이했다

그녀가 죽을힘을 다해
똥구멍을 씰룩일 때마다 자식들은
귀를 바짝 대고 눈을 끔벅거렸다

그러니까 황해도 평산에서
여섯 살 어린 남동생을 업고 월남한 아홉 살 그녀는
한마디 유언조차 남기지 못했다

그녀가 깨끗이 씻어서 엎어 놓은
고무 다라이 위로
풋감이
투둑, 툭 떨어졌다

숙곡리 할매들

아이고, 우린 동네 할매들여

몇 안 되는 문상객들마저 돌아간 저녁답
할머님 세 분의 반가운 목소리

죽은 아기와 같은 빌라에 사시는 분들이려니
미루어 짐작했다

죽은 아기의 아빠 손을 덥석, 붙잡고
할머님 세 분이 당부하신다

정신줄 잘 붙들어야 혀!
애기 엄마한테 잘해주고,
애기 엄마 잘못되면 안 되잖여?

사연인즉 숙곡리는 함백산 추모공원이 있는
화성시의 한 마을
뉴스를 보시다가 아기 잃은 부부가 너무 가엾어서

달려오셨다고 한다

생면부지의 베트남 부부에게
빳빳하고 깨끗한 오만 원권 세 장을 주신다

나는 흰 봉투에
숙곡리 할머님들 세 분이라고
처음 글을 배우는 사람처럼
또박또박 쓴다

선인장
― 장군철화

포석조명희문학관에 내려갔다가 데려온
이름처럼 늠름한 우리의 장군철화는

지난봄엔 연둣빛 새싹으로
우리의 입을 다물지 못하게 하더니

손끝으로 뾰족한 새싹을 건드리다가 잔가시에 찔려도
우린 그저 웃기만 했는데

어느 여름날
가생이가 누렇게 변하고 하루가 다르게
쪼그라들더니 암녹색으로 변했다.

너도 타들어 가고
나도 타들어 간다.

곪은 살보다 넓게 도려내면
너를 살릴 수 있을까?

가난하고 먼 나라에서
우리가 함께 사 온 자그마한 칼자루를 쥐었지만

너는 죽었다.

어디서부터 잘못된 걸까?

물을 너무 많이 주는 바람에
흙 속의 뿌리가 썩는 줄은
서로 알지 못했다.

그리고 머지않아 우리도 죽었다.

우리 월미도(月尾島)

비의 신
프라피룬이 상륙하던 날
9월의 어느 날

실은 날짜까지도 고스란히 기억해

폭우와 강풍에
우산이 뒤집혔어

거추장스러운 우산 따위 버리자
바다 집시가 되어 하염없이 떠돌자

대관람차는 멈추었고
모텔 샹젤리제만 반짝였어

젖은 몸 닦아주기
뜨거운 차 마시기
이런 것들은 무시하자

오늘이 지나면 볼 수가 없기에
커다란 파도의 꼭대기

그 물마루에서 밤새 내려오지 않았다

나는 얼마입니까?

저는 베트남에서 온 응웬 두안 썬(NGUYỄN TUẤN SƠN)입니다. 한국 이름은 원도산입니다. 서른여덟 살입니다. 2021년 11월 29일 한국에 왔습니다. 한국에 온 지 10개월이 되었습니다. 지난 8월 17일 한국어능력시험 3급에 합격했습니다. 여전히 한국어는 어렵지만 그만큼 재미도 있습니다. 저는 결혼을 했으며 딸 두 명, 아들 한 명이 있습니다. 큰딸은 여덟 살, 작은딸은 여섯 살, 아들은 네 살입니다. 큰딸은 저를 닮아서 키가 크고 작은딸은 엄마를 닮아서 키가 작습니다. 제 고향은 베트남 중부 응에안입니다. 빈 대학에서 법률을 전공했습니다. 베트남에 있는 한국 회사에 다니며 한국 사람을 만날 기회를 얻었습니다. 친절한 한국 사람들 덕분에 한국에 대한 관심이 생겨 유학까지 오게 되었습니다. 저는 고양시에 있는 국제법률경영대학원대학교 석사과정에 입학해 한국어와 문화 공부를 하고 있습니다. 제 성격은 내향적이고 수줍음이 많습니다. 친구를 사귈 때 먼저 다가가진 못하지만 한번 사귀면 오래 우정을 나눕니다.

귀 회사에서 일할 기회를 주신다면 최선을 다해 노력

하겠습니다. 지금은 한국어가 서툴지만 한국 사람들과 함께 일하며 한국어 실력도 기르고 보람도 얻고 싶습니다. 감사합니다.

2022년 10월 30일 응웬 두안 썬

언젠가 한국에서 취직할 때 쓰려고 선생님과 같이 미리 준비했던 '자기소개서'입니다.

저는 청주시 오송역 파라곤 센트럴시티 2차 아파트 건설 현장 25층에서 추락했어요.
전날 온종일 일을 한 후 저녁부터 밤 10시까지 계절학기 수업을 온라인으로 들었죠. 그러고도 새벽 2시까지 공부를 했어요. 3일 후에 한국어능력시험이 있거든요. 특히 쓰기 공부가 너무 어려웠어요. 그래서 선생님에게 밤 10시 30분쯤 메시지를 5개나 보냈는데 읽지 않으셨어요. 조금 섭섭했어요. 오늘 새벽 6시에 선생님이

답장을 해주셨는데 저도 읽지 않았어요. 조금 후회스럽네요. 선생님이 제 걱정을 많이 하셨을 텐데요. 선생님은 눈처럼 차갑게 구셨지만 얼마나 따뜻한지 저는 잘 알아요.

50m 높이에서 추락하는 찰나의 시간을 저는 헤아릴 수 없었어요. 저는 혼자 추락하지 않았어요. 동료인 응웬 응옥 꽝(NGUYỄN NGỌC QUANG)과 같이, 대형 거푸집과 같이 떨어졌죠. 그래서인지 덜 쓸쓸했어요. 아무것도 생각나지 않아요. 하지만 언뜻 이런 광고 문구를 본 것도 같아요.

Paragon is 당신을 위한 완벽한 주거 명작

헛웃음이 나오려 해요. 파라곤 아파트 시공사인 동양건설산업은 인명 사고가 끊이지 않았더라고요. 2020년 10월에도 2021년 4월에도 근로자가 죽었다는 기사를 봐요. 누군가는 또 죽어 나가야 했는데 마침 우리였던 거네요. 이럴 때 한국 사람들은 재수 없다고 하죠.

네, 솔직히 말씀드리자면 한국에 돈 벌러 왔어요. 가난이 너무 싫었어요. 네, 맞아요. 건설 현장에 불법 취업을 했어요. 부모님까지 가족 6명이 제 등에 매달려 있으니까요. 고향에 매달 생활비를 보내야 하고 유학 올 때 브로커에게 들어간 빚도 갚아야 했죠. 택시비를 아끼려고 한겨울 새벽길을 30분씩 걸어 기숙사에 가곤 했어요. 옷도 사지 않았어요.

오늘 죽은 우리 두 사람이 한국 사람이 아니라서 얼마나 다행일까요. 보상금이 몇 배나 적게 들겠죠. 가족이 없으니 성가신 일도 없겠죠. 제 목숨 값이 얼마나 될지 저도 너무너무 궁금해요. 과연 건장한 30대 베트남 사내의 몸값은 얼마일까요.

        2023년 7월 6일 오전 11시 12분 원도산 올림

II

의자와 고양이

다리 하나를 잃은 의자가
한 달째 골목길에 서 있다

눈을 맞고
겨울비를 맞으며

지나가는 차들은
사람을 대하듯 조심한다

우두커니 서 있는 불구(不具),

밀양 표충사 처마 아래
이른 봄볕을 쬐던 누런 고양이
다리 하나를 잃고

기다리는 사람이 있다는 듯
저물도록 기울어져 있다

밀림 여관

자월도(紫月島)를 보러 인천항여객터미널 가는 길

있다!
무려 30년 만이다!

연안부두 모퉁이를 돌면
그러니까 인천시 중구 항동 7가 밀림여관

잠시 얹혀사는 집으로 가는 대신 나는
그 밀림, 깊은 숲으로 들어갔는데
빽빽한 나무들 비집고 밤새 쏘다녔는데

어쩌다 나는 고향을 등지고 흘러 흘러
비린내 진동하는 연안부두에 닿았나
쪽창 앞 서해가 펼쳐진 그 외딴방에서

시는 뭘까, 처음으로 흐릿한 생각을 품었나

삐걱대는 목조계단을 숨을 헐떡이며 올라
밀림을 헤쳐 큰 대자로 누워
키 큰 나무들의 수액을 힘껏 빨아들이면

비좁고 너저분한 방은
드넓고 아름다운 세상이 되었는데

밤이 깊어질수록 잠은 멀찍이 달아나고
날이 밝기만 기다린다
내일은 아무래도 연안부두에나 가봐야겠다

봄밤

경기대 후문 앞 광교산로에
열세 마리의 소가
출몰했다

인근 목장에서 탈주한 소들이

느릿느릿
걷기만 하던 소들이

말처럼 달린다
하이에나처럼 울면서

자유를 선언하듯
호방하게 질주한다

하, 자유로까지 갈 기세로구나
하, 임진강을 건널 기세로구나

사나흘 내 목에 걸려있던 사과 조각이
툭, 튀어나올 것만 같구나

역류성 식도염이고 나발이고
겉옷도 걸치지 않은 채 뛰쳐나가
탈주에 가담하고 싶구나
안달이 나는 봄밤이구나

게릴라 걸스

1
아프가니스탄 시인 생각에
새벽까지 뒤척인다

공개적으로 사랑을 노래하는 시를 썼기에
남편과 그의 가족들에게 맞아 죽었다는

그녀 이름은 나디아 안주만

그녀와 동료들은 여성에게 허용된
'바느질 학교'를 연 뒤
몰래 '문학'을 공부했다

그녀는 노래를 부른다

나는 우울과 슬픔에 잠긴 채
새장에 갇혀 있다.
내 날개는 접혀 날 수가 없다.

나는 고통 속에 울부짖는 아프간 여인이다.[*]

그녀가 이름을 버렸다면
본명을 숨기고 남자 이름을 썼더라면
그녀는 살아남았을지도 모른다

2
2005년 뉴욕 맨해튼의 여성 화가들도
이름을 지웠다
이름 없는 존재가 되어 연대한 그녀들은
대신 '게릴라 걸스'라는 이름을 얻었다

<u>스스로를 사유하는 여성을</u>
괴물로 바라보는 세상에 대고 그녀들은 외친다

---

[*] 한성례, 「세계의 여성 시인들, 고통과 열망」, 『다층』(2021년 가을 호), 나디아 안주만의 시집 『어두운 꽃』 재인용.

*여성은 메트로폴리탄미술관에 들어가려면
옷을 벗어야만 하는가?*

'남성, 백인'이 아니면 아무것도 아닌 존재들이
고릴라 가면을 쓴다
도심의 공공장소에서

게릴라처럼 출몰한다

그녀들은 죽은 여성 화가들의 이름을 쓴다
나는 죽은 시인의 이름을 쓴다
내 아이디는 나디아 안주만

3
서울에 사는 여자들도 별반 다르지 않다

내 친구는 현관에 보란 듯이
남자 구두를 놓는다

혼자 사는 여자라서
살인 사건의 표적이 되고 싶지 않아서다

2016년 5월 17일 새벽 김 씨는
서울특별시 서초구 서초동의 화장실에 숨어 있다가
처음 보는 불특정한 여자를 칼로 찔러 살해했다

그는 남성 6명은 그냥 돌려보내고
여자를 기다렸다
여자를!

평소 여성이 나를 무시해서 죽였다
김 씨가 내뱉은 말이다

분노한 여자들은 강남역 10번 출구에 모여
피해자 하모 씨를 추모했다
수만 장의 포스트잇이

아슬아슬하게 매달려 흔들린다

오늘 단지 운이 좋아 살아남은 여자들이
일하고 밥 먹고 커피를 마신다

드라우파디[*]

1
언덕은 모두 엇비슷해서
미로 같은 돌투성이 길을
나는 밤새도록 헤맨다

너희는 내가 어디 있는지 알 수 없을 것!
난 불가촉천민 중에서도 최하층민 흑인 산탈
가장 악명 높은 여자

돕디!

나를 부르는 소리에도 흔들리지 않는다
뒤돌아보지 않고 전진할 것!

발자국 소리가 점점 가까워진다

---

[*] 인도 소설가 마하스웨타 데비(Mahasweta Devi)의 단편소설로 낙살 게릴라 여성 '돕디 메즈헨'의 이야기.

허리춤에 차고 있던 밥을 떼어 먹는다

목이 타들어 가도 샘과 폭포엔 가지 않을 것!
죽은 남편 둘나의 시체도 모른 척할 것!

자르크하니 숲은 게릴라들의 은신처
적들에게 노출되었을지도 모른다
강변의 화장터로 유인할까

너희들에게 잡히더라도 나는 침묵할 것!
누구도 밀고하지 않겠다

서라!

뒤에 숨었던 걸음들이 우르르 앞으로 나선다

나는 있는 힘껏 운다
새들이 깨어나 날개를 퍼덕거린다

내 울부짖음을 듣고 어서 도망칠 것!

2

드라우파디는 오후 6시 53분에 체포되다
캠프로 호송하는 데 1시간이 걸리다
심문하는 데 다시 1시간이 걸리다
오후 8시 57분에 원로 세나나약이 명령하다

저 여자를 마음대로 해라!

드라우파디가 깨어나 달을 보다
네 기둥에 팔, 다리가 묶여 있는 것을 알아차리다
질에서 피가 나는 것을 느끼다
깨물린 유방이 너덜거리다

비스듬히 총검을 든 보초병이 그녀를 곁눈질하다
다시 그녀를 마음대로 하는 과정이 시작되다

3
날이 밝자 드라우파디는 짚더미에 내동댕이쳐진다
한 조각 천이 그녀의 몸 위로 던져진다
감옥에 경보가 울린다
세나나약이 놀라 뛰어온다
벌거벗은 그녀가 그 앞에 우뚝 선다
그녀는 손을 엉덩이에 받치고 서서 웃는다

바로 내가 너희들 수색대상이었던 낙살 게릴라** '돕디'다!
네 부하들이 과연 나를 어떻게 했는지 보고 싶지 않아?
네가 옷을 벗길 수는 있지만 입힐 수는 없을 걸!

검은 몸이 그에게 다가간다
망가진 두 유방이 그를 밀어댄다

** 1967년 인도 서벵골 낙살바리(Naxalbari)에서 시작된 마오주의 낙살 반군(Naxalite) 봉기.

세나나약은 뒷걸음질을 친다
무장하지 않은 타겟 앞에서
난생처음 세나나약은
끔찍하도록 무서워 오싹해진다

튤립, 튤립들

 지난 연말에 강원도 횡성인지 사북인지 어디 먼 데서 프란치스코 신부님인지 요셉 신자인지 누군가 튤립 구근을 가마니째 들고 오셨다는데, 우리 동네 금촌 성당 안드레아 신부님은 튤립 구근 가마니를 얼떨결에 받으셨다는데, 신부님은 엉거주춤한 자세로 간이 화단이며 담장 아래며 뒤꼍이며 흙이 있는 곳이면 어디에나 튤립 구근을 심으셨다는데,

 생각을 해보세요?
 한 자루도 아니고 한 가마니예요!

 넉살 좋은 안드레아 신부님은 미사 강론 중에 예의 그 따발총처럼 빠른 목소리로 생색을 내셨다는데, 맨 앞에 앉은 연령회 어르신이 우리 신부님 욕보셨다며 추어올리셨다는데, 봄비 그친 주일 아침 촉촉해진 흙을 뚫고 튤립들이 아기의 첫 아랫니처럼 일제히 고갤 내미셨다는데,

생각을 해보세요?
한 자루도 아니고 한 가마니예요!

저 환한 기쁨의 묵언(默言)들이 성당 안팎에 가마니째 새하얗게 피어나셨다는데,

흡혈박쥐

 저녁과 밤의 경계, 뒤척이다 깨어나지, 한편 황홀하지, 시쳇말로 심장이 쫄깃하지, 내 날개를 펼칠 때, 멀리서 풍기는 피비린내, 혼미해지는 시간, 죽여주는 피의 맛, 그걸 잊을 수가 없어, 단단한 밤의 장막을 발톱으로 찢지, 은신처인 동굴을 나서지, 내 눈엔 너만 들어와, 네 아름다움이 눈멀게 하지, 책에 얼굴을 파묻고 잠든 너, 희디흰 목덜미, 매끄럽고 긴 등골, 난 넋을 잃고 바라보지, 검은 베일에 고독이 깃든 밤, 네 피의 맛을 상상해, 소름이 오소소 돋지, 전율이 너울처럼 일렁이지, 어둠 속으로 헤엄쳐 들어가지, 네 목덜미를 송곳니로 꽉 물어뜯지, 아아 미칠 것 같아, 피, 피, 피, 달고 위험한 네 피를 빨아들이지, 네 피를 마실수록 내 피는 오히려 마르지, 식으며 죽어가지, 다시 살아나지, 비웃듯 미소를 짓지, 전염병을 옮길 거야, 그래도 난 울지, 어쩌면 죽으면서 살아가지, 이것은 저주받은 내 운명, 난 이틀만 굶어도 세상을 뜨지, 지옥에서 헤매겠지, 허영은 내 약점, 붉은 내 눈자위가 하얘지네,

곧 어둠이 묽어지네.

말과 함께 눈을

마방에 도둑고양이처럼 살금살금 들어간다 서서 자는 너를 깨운다 검지손가락을 입에 대고 쉿! 너를 데리고 밖으로 나온다 눈발은 어둔 밤하늘 끝으로부터 시작된다 바람결에 떠밀려온다, 눈송이들! 우리는 어깨를 붙이고 서서 황홀한 표정으로 눈을 맞는다

네 긴 속눈썹에 닿자마자 스러지는 눈
내 예민한 귀에 닿자마자 녹아드는 눈

아름다운 등과 엉덩이와 갈기 사이로 눈은 하염없이 쏟아진다 검은 웅덩이에도 착착 쌓인다 갈색의 너는 온통 흰색이 되어 눈부시다 눈사람처럼 꿈쩍하지 않는 눈 말한테 온타리오 북부 겨울의 화이트아웃* 효과를 들려준다 시야를 제로로 만들어 주는 눈보라!

우리는 무릎을 꿇을 수도 누울 수도 없다 휩쓸리지 않

---

* 앤 카슨, 『짧은 이야기들』, 난다, 2021.

도록 서로 부둥켜안는다 온몸으로 눈을 맞는다 이대로 오슬로에 가고 싶다 너의 등 위에 Oslo라고 쓴다 너를 라온 대신 오슬로란 새 이름으로 부른다 이제 우린 외롭지도 불안하지도 않을까 하지만 너는 너무 늙었다 죽음에 임박한 오슬로, 너를 쓸어안고 밤새 눈 퍼붓는 하늘로 오른다

  우린 얼마나 멀리 떠날 수 있을까?

나혜석

> 경희도 사람이다. 그다음에는 여자다.
> 그러면 여자라는 것보다 먼저 사람이다.
> 또 조선사회의 여자보다 먼저
> 우주 안 전 인류의 여성이다.[*]

세상 사람들이
손가락질을 하거나 말거나
자초해
가시밭길을 걷는 여자

허연 정강이에서
피가 흐르거나 말거나
눈길 한 번 주지 않고

세상 사람들이 멸시를 하거나 말거나
고개 한 번 숙이는 법 없이

---

[*] 나혜석의 소설 「경희」에서.

결혼 제도와 관습의 굴레에서
끝까지
몸부림치다

가시덤불 속으로
기어이
도로 들어가는 여자
자기 시체를 밟고서라도

후문들

베트남에서, 네팔에서
큰 빚을 내서
모든 것을 걸고 어학연수를 온 너희들

더는 너희들을 기다릴 수가 없어
출입국관리소에 가는 길이야

뒤늦은 이탈 신고 때문에
어학원은 경고를 받았지

너희들도 이젠 꼼짝없이 불법체류자 신세

축은 포천 잣농장에 있다더라
퐁은 서산 비닐하우스에 있다가
수원 고색산업단지로 옮겼다더라
네팔 전통 의상을 즐겨 입던 아리따운 마야는
임신을 했다더라
한국 남자와 동거한다더라

무성한 소문들은
일파만파 번져
눈덩이처럼 불어난다

어디에 꼭꼭 숨었니?

돈 많이 벌어 고향에 보내 주렴
토끼몰이식 불법체류자 단속에 걸려
붙잡히지는 마!
죽지도 마!

어서 도망쳐!
더 깊숙한 곳으로

우리 학교 마당 담벼락엔
염천(炎天) 아래
너희들을 닮은 능소화가 흐드러졌단다

금촌역 그 여자

당신은 무슨 일로
금은방 계단참에 종일 앉아 있나요

등이 찢어진 패딩에 등산복 바지 하나로
365일 내내

누굴 기다리는 건지
당신을 헤아릴 수가 없습니다

당신의 말은 어디로 사라졌는지
나는 그게 궁금해요

어쩌다 으어어어, 웅얼거림만 남았는지

당신은 내 호의를 다 거절했습니다
오리털 패딩도 장갑도 머플러도

오늘은 크리스마스이브인데

눈까지 내려 다들 들뜬 밤인데
눈송이들은 당신이 먹는 컵라면에 녹아드네요

나는 무슨 일로
당신 앞에 오래 서 있는 걸까요

당장 꽃집 '플레르 당상'에 가서
노란 꽃을 사 올게요
어쩐지 꽃은 받아줄 것만 같아서요

춤추는 꽃처럼 터질까요, 우리
발레리나처럼 뛰어오를까요, 우리

꽃을 사주세요

가게 이름 때문에 첫눈에 반한
꽃집 '플레르 당상'에서
주인을 기다린다

얼마 안 되는 꽃들은
시들어 시들어가고
가게 안은 을씨년스럽다

아마 새벽 꽃시장에 갔을 거야……
미장원에서 퍼머를 하고 다시 왔지만
주인은 오지 않는다

두어 달 전에 맡긴 크리스마스 리스를 찾았다
말라비틀어진 측백나무 그대로다
어린 딸이 먹던 새우깡 봉지도 그대로다

주인의 휴대전화기가 꺼져 있다
빚쟁이한테 쫓기는 중일까?

꼬리에 꼬리를 무는 불길한 예감들은
똑딱단추처럼 꼭 맞는다

이참에 아예 주인처럼 자릴 잡고 앉아
지나가는 사람들에게 들리지도 않게
조그맣게 외친다

꽃 사세요, 꽃을 사주세요

밥보다도 비싼 꽃을 누가 사려나
겨울빛은 짧디짧아 벌써 기우는데
그래도 다시

꽃 사세요, 꽃을 사주세요

춤추며 타오르며

해안으로 밀려오는 파도는
눈사태처럼
사람들을 잡아먹을 기세로 달려와요

어둠을 뚫고 맹렬하게
펄럭이는 저것
황홀한 저것

일행들은 백사장에 다소곳이 앉아
밤바다를 바라볼 뿐이죠

다만 시를 쓰는 세 여자가
신발을 벗어 던지고 밤바다에 뛰어들어요

비명을 지르고
석류알 같은 웃음을 터트리죠

바짓단이 젖고 속옷까지 젖어들죠

아무렴 어때요
물거품에 미쳤는걸요
곧장 알몸이 되어요

해초처럼 긴 머리카락을 자르고
절벽과 암초로 둘러싸인
세이렌의 섬에 닿을 때까지

출렁이는 저 검은 바다에서
춤추며
타오르며

세 여자는 스스로 표류할 거예요

III

열대야(熱帶夜)

새벽 2시
농구장에서 들려오는 소리

저 멀리
소년의 긴 그림자

폭염에 달궈진 옥상은
좀처럼 식을 줄 모르고

통
통
통
통

싱싱한 리듬은

후끈한 여름밤의 공기를 가르고
오피스텔 17층 꼭대기까지

한달음에 밀려와

뒤척이는 나를 덮친다

어렸을 때, 셋

가을 소나기를 피해 들어간
비좁은 헛간
우린 건초더미 위에
풍덩 누웠다
양옆엔 소년들
빛바랜 플라스틱 지붕 위로
빗소리가 후두두
소녀는 두 소년의 손을 가져다
배꼽 위에 차곡차곡 쌓았다
돌탑처럼
우린 잠든 척 아무 말도 하지 않았다
아직 본 적 없는 바다 위에 떠서
태양을 보는 것처럼
실눈을 뜨고
그리고는 출렁거렸다

파초 아래

덩그러니,

빈집에 남겨진 파초 화분
해가 설핏, 기울자 여자는 얕은 잠에 빠진다

옛집 뒤뜰의 파초 그늘은 숨기에 좋았다
친구 없는 아이가 무릎을 세우고 앉아
여름내 공상을 즐기기에

더없이 좋았다
누가 찾지 않아도 상관없었다

저녁 소나기가 후두두둑 지나갈 땐
남국의 먼 들판에 닿은 것 같아 눈을 감았다

손가락으로 잎사귀를 톡, 건드리기만 해도
우수수 빗물이 떨어지고
여태, 무른 몸은 녹색으로

흠뻑, 물들었다

한파가 닥치기 전 아버지는
파초를 베고 왕겨를 얹고 비닐을 씌우고
아이는 겨우내 입안에서 파-초-를 궁굴리며 놀았다

아랫입술과 윗입술을 붙였다 떼기만 해도
노란 아랫입술꽃잎과 윗입술꽃잎이 피어나고
새 주둥이처럼 입술을 내밀며 손거울을 봤다

빈집 파초 화분 옆
이미, 뼛속에 구멍이 숭숭한 여자는 슬며시 눈을 뜬다

어쩌면

한쪽이 죽어야 끝나는 싸움은 65년이나 지속되었다

징그럽고 징그러운,

정유년(丁酉年)부터 임인년(壬寅年)까지.
이렇게 단 한 줄로 요약되다니……

그들은 악착같이 싸우면서도 고만고만한 자식을 넷이나 낳았다

밥상이 날아가고 세간살이가 부서지며 쨍! 칼이 빛나도
누구도 말릴 수 없었던

그토록 꾸준하고 성실한 싸움은 참 보기 드문 일

한쪽이 떠나지도 미치지도 않았다

불 가 사 의

이제 남겨진 한쪽은 전의를 상실해서
시름시름 앓는다

한쪽이 무덤에서 뛰쳐나와 싸운다면
거뜬하게 나을지도 모를 일

당진 언니

석문방조제 갯벌에 쪼그리고 나앉아
갈퀴질을 얼마나 오래 했을까

조금만, 조금만 더 캐자며
밀려드는 시장기도 오줌도 참아가며
바지런히 손을 놀렸는데

간신히 허릴 펴고 되돌아보니

바지락조개 자루가
밀물에 홀랑 떠내려갔다
아무리 둘러봐도 온데간데없다

허탕친 하루

떠밀리고 쓸려나간 것들이
어디 바지락조개 자루뿐이랴

직장도 가정도 풍 비 박 산
병든 몸뚱이만 남았다

수척한 얼굴 들어 하늘을 보니
바지락 별이 총총

유니폼

획일화라니요
구별 짓고 싶어 안달인 당신의 욕망을
일찍이 간파했습죠

당신의 신분을 대번에 알려 드리렵니다

흰색 수단의 고귀함을 입은 교황님
검은색 권위를 입은 판사님
흰 가운만 보면 의사인 줄 알고 울음을 터뜨리는 아기들
소방대원의 주황색 유니폼
셰프의 상징인 모자

고귀하든 비천하든
유니폼의 세계는 무궁무진하죠

축구를 할 때도 전투를 할 때도
응원할 때도 학위를 받을 때도
하이마트 앞에서 춤을 출 때도

새벽 거릴 청소할 때도 장거리 비행을 할 때도
호텔 프런트에서도 칵테일바에서도

심지어 포르노 비디오에서도
어린 여성들은 교복과 간호사복을 다 입더군요

글로벌한 유니폼의 세계
영원한 것은 해병이 아니라 유니폼이 아닐까 합니다만

단전(斷電) 안내문이 붙던 날

한전 직원이 와서
본관과 기숙사 엘리베이터 옆에
단전 안내문을 붙이고 돌아갔다

마침내 올 것이 온 것뿐!
가슴 졸이며 기다릴 수밖에 없던 일!
전기요금이 삼 개월 체납되면 단전이란다

유학생들은 미지의 언어로 웅성거렸고
학교가 문을 닫는다는 소문은 삽시간에 퍼졌다

나는 한전 직원에게 읍소했다
이 엄동설한에 기숙사의 학생들은 어떡하냐고
며칠 말미를 달라고

돈을 빌려야 한다
시인 소설가 들은 다 가난뱅이
어디서 돈을 구하나

내가 아는 유일한 부자인
옛 애인에게라도 돈을 빌릴 생각에
장문의 메시지를 미리 써 놓았다
끝내 보내진 않았다

청약통장을 깨고 약관보험대출을 받고
그래도 모자라 현금서비스까지 받아
단전을 모면했다

이 기쁨을 시인으로 등단했을 때에 비할까!

난생처음 전기가 끊기면 벌어질 일을 헤아려본다
우선 형광등을 못 켜겠지 난방도 컴퓨터도 못 하겠지
심지어는 똥 싸고 변기 물도 못 내린다는 것이다

전기(電氣)의 파워 앞에서 과연 나는
연탄불 위 쥐포처럼 오그라들고 마는 것이다

물경 십일만 원

기숙사에 있는 코인 세탁기를 연다
천 원짜리를 집어 파우치에 담는다
동전 하나까지 박박 쓸어 담는다

신문지를 깔고 돈을 쏟는다
나는 회심의 미소를 지으며 돈을 센다

이제 기숙사에 남은 유학생들은 열 명 안팎

이 돈은 그러니까
빚을 내서 어학연수를 온 베트남 청년들이
최저시급 9,860원을 받은 돈이다
코 묻은 짭짤한 돈이다

생닭을 튀기다가
화상을 입은 여학생의
가늘고 긴 팔뚝이 떠오른다

숫자를 놓친다
나는 다시 처음부터 돈을 센다
회심의 미소를 지으며

천 원짜리가 46장
오백 원짜리가 무려 128개
도합 11만 원 되시겠다

교무처엔 복사용지 몇 박스를
한국어 강사실엔 믹스커피를
야근하는 회계 직원한텐 짜장면을 시켜주고도 남을

거금이다

제철보다 일찍 나온 비싼 참외의 단맛인 양
나는 돈을 보며 입맛을 다신다

하마터면 돈 앞에서 머릴 조아릴 뻔했다

하노이에서 온 사람들

점심시간이 훌쩍 지났다
배달 앱을 열어 햄버거, 치킨, 베트남 쌀국수 이미지를
줄줄이 보여줘도 모두 도리질을 친다
숏커트 여자가 노, 라고 말한다
(하긴 지금 밥이 넘어가겠나)

부모들이, 에이전시 대표가 환불을 받으러
학교에 들이닥쳤다

예의 숏커트 여자가 고함을 지른다
잔뜩 주눅든 나는 눈만 끔벅거린다
(베트남말이라곤 씬짜오, 밖에 모르는데)

 돈을 받기 전엔 한 발짝도 움직일 수 없다고 통역사가
전한다
 왕복 비행기 요금이 얼마인지 아냐고 묻는다

 그중 가장 순박해 보이는 어머니한테

컵라면을 들어 보이자 고갤 끄덕인다

눈총 속에서도 기어이 라면을 먹는 나를
팔에 문신을 한 남자가 촬영한다
그들은 떠들며 웃는다

창살 안의 원숭이가 된 기분이다

어디엔가 구조요청을 하고 싶다
하필 오늘은 보이스피싱 전화조차 없다
(네 시간쯤 지났을까)

사연들은 구구절절 안타깝고
수술을 못해서 누군가 죽으면 책임질 거냐며 윽박지른다
태도를 바꿔 하소연한다

미안하다,는 말을 하며 나는 고개를 주억거린다

(이쯤에서 눈물이라도 흘려야 화장실에 갈 수 있으려나)

돈이 원수가 된 기분이다

한밤의 그것

그것은 새로 생긴 대형마트 전단지 사이에 잠복해 있었다

때이른 추위에 종일 떨었고
오피스텔 기나긴 복도의 전구는 자꾸 껌벅거렸다

누군가 나를 미행하는 것 같아
자꾸 뒤돌아봐야 했다

남의 집 가난을 훔쳐보지 않으려고
의식적으로 똑바로 걸었지만

현관문에 붙은
관리비 독촉 고지서, 수도 공급 중단서, 단전 안내문에
눈길이 자꾸 쏠렸다

남의 일이 아니야, 라고 중얼거렸던가?

그것은 현관문을 열자마자 툭 떨어져
순식간에 나를 덮쳤다, 쓰나미처럼

고립사 청소 전문 업체

크린 xx

누구라도 꺼리는 **끔찍한 현장**을 방문해

고인을 **가족처럼**,

내 집처럼,

말끔하게 치워 드립니다

겨울이 코앞인데
귀가 얇은 애인은 늙은 여우의 말만 듣고
등을 돌릴 텐데
믿는 도끼에 발등이 찍혀
피가 철철 흐를 텐데

마침내 나는 혼자 죽어가겠지?

그것의 전화번호를 휴대폰에 저장하고서야
나는 안도하며 잠들 수 있다

이천 원

천천동 버스 정류장에서 남자는
버스비 이천 원을 달라며 손을 벌렸다

그는 더러운 외투를 입고 있었다
삼복더위를 조롱하듯 땀도 흘리지 않았다

한 여자가 그를 아니 우리를 눈여겨보고 있었다
비웃는 듯한 미소를 지으며

이천 원을 내미는 손을 보이기 싫어서인지
나는 돈을 주는 대신 입을 꼭 다물었다

그 여자가 버스에 오를 때까지
그 남자는 꼼짝도 하지 않았다

다행인가

나는 얼른 지갑에서 이천 원을 꺼냈다

그 남자는 곧장 편의점으로 달려갔다

굶주림!

싸구려 햄버거 하나쯤
시들어 쪼글쪼글한 사과라도 사기엔
턱없이 부족한 이천 원

다시 지갑을 열었으나 오만 원짜리만 보이고
사당행 버스가 오자 나는 잽싸게 오른다

다행인가

차창으로 고갤 돌리니
더러운 외투와 이천 원이 두리번거린다

앞을 볼 수도 없는 당신에게

화장을 하다 그만둘까 망설여요 당신은 초승달 같은 내 눈썹을 볼 수도 없을 텐데 무슨 소용이 있나요

그래도 다시 곱게 다듬어요

당신이 눈을 뜨고도 나를 볼 수는 없겠지만 당신은 눈을 감고도 나를 느낄 수는 있으니까요

내 향기를 맡을 수도 있겠죠 아니 어쩌면 볼 수도 있을 거예요 청맹과니인 내가 당신을 볼 수 없을지도요

당신은 손끝에 닿는 나를 탐색하겠죠
지독한 어둠과 혼돈 속에서

당신 곁에 얼마쯤 머물 수 있을까요 나는 곧 눈사람처럼 사라질 텐데요 앳된 목소릴 듣고 당신은 내 나이를 가늠하겠죠 하지만 목소리에 속지는 마세요

당신은 신중하게 내 몸 곳곳에 침을 놓기 바쁘군요
베갯잇에 스며든 희미한 내 냄새를 당신은 채집할까요
얼음장이 풀린 오늘은 봄빛이 우릴 감싸주네요

당신은 우리를 미지의 장소로 데려갈까요 우리에겐
손금처럼 무수한 비밀의 언어가 생겨날까요

김초원 선생님

숙소에서 4층으로 내려오신 선생님은
구명조끼를 벗어 주시며 소리치셨어요

먼저 나가!
빨리!
따라서 갈게!

그게 선생님과의 마지막이 될 줄은 몰랐어요
고맙다고 할 겨를도 없이

저는 살고
선생님은 죽고

저는 어떻게 살아야 할까요

망설이다가 선생님의 아빠를 찾아가면
입이 얼어붙어요

저는 영원히 죄인일까요

악몽을 꾸다 깨어난 새벽이면
선생님의 귀걸이 한 짝을 찾아요
단원고 2학년 3반의 생일 선물,
그 귀걸이 맞아요

'기억의 교실' 선생님 책상에서
제가 훔쳤어요
저도 모르게 손이 갔죠

모조 다이아몬드가 반짝거려요
진짜처럼
꼭 선생님과 같이 있는 느낌이에요

제 이름은 선별이에요, 먼저 뜬 별이래요
그럼 초원에 가장 먼저 뜬 별이겠네?

몽골 초원에 꼭 가보고 싶어요
선생님의 세계
그곳에 뜨는 별은 주먹만큼 크다잖아요
거기서 만나요, 우리

그날을 기다리며
저는 선생님의 시간까지 살아낼게요

언니 같은 나의 선생님,
안녕!

띤띤의 편지

— 새인 줄 알았는데 사람이었다

멀리서 봤을 땐
하늘에서 땅을 향해 내려오는
한 마리, 두 마리, 세 마리, 네 마리,
다섯 마리의 새인 줄 알았어

사진을 눈앞으로 바짝 당기고서야
아파트에서 뛰어내리는
한 명, 두 명, 세 명, 네 명,
다섯 명의 사람인 줄 알았지

2021년 8월 9일 오후 5시
양곤시 보타타웅 타운쉽 38번지 아파트 옥상

미얀마 군부에 쫓기던 그들은
더는 도망칠 수 없어서

체포 직전 뛰어내렸다고 하지

하루아침에
전부를 잃은 사람들이
하나뿐인 목숨을 던져 지켜낸 것은

세 손가락*의 자유, 정의, 평등 그리고 연대

양곤은 원래 작은 어촌
지금 양곤은 미얀마에서 가장 큰 도시야
나라 이름을 버마에서 미얀마로 바꾸면서
랑군을 양곤으로 부르게 되었지

---

* 미얀마 '봄의 혁명'의 상징.

해질 무렵, 쉐타곤 파고다에 갔어
월요일의 동물인 호랑이상 앞에서
죽은 다섯을 위해 기도했어

누가 뭐라고 해도
양곤은 전쟁의 끝 또는 평화라는 뜻이니

어떻게든 우리 살아서 만나자!

오른다

메주고리예* 크리자밧 봉우리에는
커다란 십자가가 있다

그 울퉁불퉁한 바위 길을

국경을 넘어온 노파가 눈꺼풀을 비비며
오른다

무릎이 까지고 발톱이 문드러져도
오른다

왜소한 사내가 절름발이 아내를 업고
오른다

두 다리가 없는 여자도

---

* 유고슬라비아의 산골 마을, 그 보잘것없는 작은 마을에 1981년 6월 24일 성모 마리아께서 6명의 어린이들에게 발현하셨다.

오른다

두 팔만으로
오른다

팔꿈치에서 피가 흘러도
오른다

피투성이 온몸이
오른다

자벌레 보폭으로 기어서라도
오른다

꿈틀꿈틀
오른다

IV

엄마 찾아 삼십 리

수도권 전철 3호선 차량기지인
지축차량사업소에 멧돼지가 출몰했다.

자다가 물벼락을 맞은 것처럼
직원들은 겁에 질려 혼비백산.

돌진하던 멧돼지는
하필
출고 직전의 기관차 앞에서 요지부동.

기관사에게는 운행하라는 지시가 떨어졌다.

싸락눈 내린 날 아침
지축차량사업소에
꼬물꼬물
여섯 마리 새끼 멧돼지들이 내려왔다.

예버덩문학의집 성가족(聖家族)

산달이 가까워 거처에 깔아둔 천 대신
손수레 안 감자를 덮은 종이상자를 골라

세상 깨끗하게
세상 고요하게

여섯 마리를 낳은 어미는
꼬박 하루를 굶은 채 젖을 물렸다

인간들이 오가며 들여다보자
온데간데없다, 이틀 만의 일이다

비비추 꽃대가 들썩인다

저 높은 데로 어찌 다 옮겼을까, 웅성거리자
인간 말을 다 알아듣는지 또 감쪽같이 사라졌다

비는 철철 내리는데

해가 나자 손수레 위에 새끼들이 고물고물
며칠 사이 살이 올랐구나
무사했구나

하필 저만치 난데없이 나타난 길고양이
인간들이 막아줘도 소용없다
어미는 혼비백산

새끼 목덜미를 물고
점프, 점프, 점프, 점프, 점프, 점프!

호우주의보 내린 날 새벽
가까스로
이번엔 그 아비까지 손수레 위에
고양이 일가가 잠들어 있다

세상 평화롭게
세상 갸륵하게

호구라는 말

선생님, 호구가 뭐예요?
베트남 남학생이 불쑥 묻는다

학생들이 한꺼번에 까르르 웃는다

어수룩하여 이용하기 좋은 사람을 호구라고 해요
어수룩?

바보라는 뜻이야!
짝꿍인 우즈베키스탄 여학생이 얼른 받아친다

학생들이 또 한꺼번에 까르르 웃는다

여학생이 남학생을 바라보며 묻는다
우리 호구할래?

이번엔 책상을 두드리며 환호성을 지르는 학생들
호구가 밥이고 평화고 사랑이다

축복의 티눈

티눈 밴드로도 피부과 냉동치료로도 소용없으니
고질(痼疾)이다

거대한 태풍 안에 핵이 있듯 티눈에도 핵이 다 있다

지름이 고작 0.1㎝나 될까 말까 한
이 앙증맞은 티눈이 새끼발가락 안쪽에 생긴 후
절뚝거린다
통증 때문인지 미간 주름은 더 깊어진다

어쩌겠나 나는
이제 티눈을 사랑할까 한다

오늘도 뒤뚝대며 스타벅스에도 가고
비자 만료 예정인 유학생을 데리고
양주출입국외국인사무소 고양출장소에도 가고
휘우뚱거리며 술 마시러 서울까지 간다

가뜩이나 늦은 생(生)이 절뚝이기까지 한다

라일락 아래 홈리스

배불리 먹은 저녁은 소화가 더디고
산책할 데도 마땅치 않아
관악구청 앞으로 갔고

꽃향기에 홀려
발길이 저절로 돌아선 순간

라일락 나무 아래
죄인처럼 고개를 푹 숙인
사내가 앉아 있고

누군가 있으리라고는 생각도 못했고

어둠 속에서 사내는 비닐에 담긴 음식을
허겁지겁 삼키고
손놀림이 분주하고

부러 반대쪽으로 고개를 돌리는데도

자꾸 눈은 도다리처럼 한쪽으로 쏠리고

조심히 다가가
생수를 밀어놓고 싶지만 머뭇거리게 되고

허기만큼 지퍼가 열린 비닐 가방에선
땀에 전 옷가지들이
시큼한 냄새를 풍기고

라일락 향기는 여전히 아찔하고
봄밤은 몽롱하고

마당이 없는 집을 지날 때면

나도 모르게 생긴 버릇이 있다

길가에 맞닿은 지붕 낮은 집
쪽창 하나에 현관문 하나

보려고 마음만 먹으면
집안이 훤히 들여다보이는 그런 집

외면하려 고개를 돌리거나 숙여 보지만
악다구니가 고스란히 들린다

이 부부에게도
마음 밖에 가난한 마당 하나 있어야겠다[*]

고욤나무도 좋고 대추나무 한 주도 좋겠지
눈부신 파초 그늘도 좋고

---

[*] 백무산, 「마당이 있는 집」(『그 모든 가장자리』, 창비, 2012)에서.

수북이 쌓인 눈 덮고 튤립 구근이 숨 쉬는 마당에

부부의 허밍이 번지는
그런 마당 하나 있어야겠다

산호 선인장

네
짧고
뾰족한
가시에

내
입술을
스치네

입술이
찢겨
피 흘리네

네
피를
내
혀로

핥네
빨아먹네

서둘러
함께
무너져
죽어라

무한이
되어라

입관실에서

양손에는 흰 장갑을 낀 채
검은 정장에 검은 구두까지 신고 누워있는 젊은 남자
처음 보는 차림새에 그가 맞는지 의심했다

이렇게 키가 큰 사람이었나?

 그와 관 사이의 빈 틈새엔 꽃이 가득 채워져 있다
 붉은 꽃과 노란 꽃 사이에서

 벌 한 마리가 윙윙거렸다

 스마트폰 액정화면에선 알 수 없는 베트남말이 쏟아지고
 머리에 흰 띠를 두른 세 여인이
 방바닥을 치며 오열했지만

 그 순간의 적요라니!

미어지는 슬픔을 모른 척 나는
벌을 잡으려 손을 댔으나
벌은 잽싸게 날아갔다

유리벽에 붙어서는 버둥거렸다

나도 저 벌을 따라서
어서 밖으로 나가고 싶다는 생각에
사로잡혀 있는 동안

젊은 남자의 입술이 달싹이는 것 같아
내 귀는 솔깃해졌다
등줄기에선 식은땀이 흘렀다

상조회사 직원들이 서둘러 관 뚜껑을 닫고
흰 천으로 동여매기 시작했다

어떤 49재

장맛비를 뚫고 기차와 택시를 갈아타고
천안의 베트남 사원 광덕사에 갔습니다
급히 마련한 그의 사진과 흰 꽃다발이
비에 실컷 젖었습니다

늦은 밤 베트남 빈에 사는 그의 아내에게서
메시지가 왔습니다

스님은 남편의 영혼이
아직 한국에 있다고 말합니다.
차갑기만 한 제단 위의 사진을 들여다보며
잠든 세 아이 곁에서
저는 울고 있습니다.

이렇게나 멀어서 그녀의 입에
미음 한술 떠 넣어 줄 수가 없습니다

제가 너무 무력한 것 같아요.

선생님, 저 어떡해요?

그저 어린 자녀들을 생각하라고
악착같이 버티라고
말 같지 않은 말만 지껄였습니다

한동안 그녀를 부러 잊었습니다
메신저도 외면했습니다

눈이 내려서였을까요
어쩐 일인지 이 겨울밤에
그러니까 후끈한 남방의 도시를
세 아이가 나란히 잠든 가난한 방을
떠올리고 말았습니다

만난 적 없는 그의 식구들과
저 함박눈을 함께 보고 싶습니다

뜻밖의 일

— 물류센터에서

가을 소나기에 뒤척이는 밤
페이스북을 기웃거리다 머리맡에 둔 시집을 펼치자
고요하게 마르는 나뭇잎 두 장

어디서 왔더라?

낙엽이 너무 예뻐서 주웠어
아네스 주려고

우나보체 성가대 아가다 자매님
긴 소매 옷을 걷자
파스로 도배한 팔이 드러나고

석고붕대로 싸맨 듯 흰 손이 건넨
나뭇잎 두 장

어쩌다 그녀 일터에 가서 한나절 거들었다
수십만 권 책이 있는 물류센터

주문서를 들고 책을 찾아 손수레에 쌓고 밀며 나르고
밴딩 작업을 하고 카트에 담고 다시 택배회사로 보내고
다시 다시 다시 땀이 비 오듯 쏟아지고
딴생각은 1초도 할 수 없다

온종일 책 속에 파묻혀 사는 그녀에게
정작 책 읽을 시간은 허락되지 않는다
책 제목과 저자만 기계적으로 외울 뿐

나는 노시인의 간절한 시를 읽는 대신
나뭇잎 두 장에 코를 대고 킁킁거린다

복도에서

조문객들이 돌아간 한밤중
어머니는 ㄱ자로 구부러진 허리를
실버보행기에 겨우 얹다

근조화환의 숫자를 세다가
자꾸 숫자를 떨구다

그러니까 이게 다 어디서 온 꽃들이라니?
아주 꽃에 파묻혀 가시는구나, 너희 아버지

물리지 않는 밥을 잡수듯
다시 처음으로 돌아가서
근조화환의 숫자를 세다

그런데 이게 돈으로 치면 전부 얼마라니?
그래서 이 귀한 꽃들을 다 어디에 버린다니?

흰 국화의 물기가 다 빠져나가도록

그치지 않는 어머니의 혼잣말

조용하고 쓸쓸한 긴긴밤
어머니는 연거푸 하품을 하며 숫자를 세다

숫자를 떨구다

인천국제공항에서

출국장 앞에서 응웬 항 씨를 기다린다
우린 단번에 서로를 알아본다

남편이 아파트 신축공사장에서 사고를 당하지 않았더라면
애당초 만날 일도 없었을

기막힌 인연

사망 보상금 합의가 이루어진 모양이다
아무것도 물어볼 수가 없다

우린 두 손을 맞잡고
그저 조용히 울기만 했다

그녀가 휴대폰 번역기를 돌려 내민다
너의 손은 매우 부드럽고 따뜻하다
선생님 대신 언니라고 불러도 되나요

나는 고개를 끄덕인다

우린 희미하게 웃으며 손을 흔든다

이제서야

죽은 너에게 귓속말을 한들
죽은 너의 머리칼과 눈썹을 매만진들
새벽 5시면 찾아와 우는 방울새를 너라고 여긴들

자다 깨서 죽은 너와 사랑을 나눈들

강릉역

중키의 남자가 걸어가고 있다
머리가 허연 남자를 보자마자
여자는 틀림없다고 확신한다

일행들에게 귀띔도 못 하고 뒤쫓는다
그 남자를 붙잡아 세운다

남자는 무슨 일이냐고 묻는다
여자의 혀는 얼어붙는다

남자는 가던 길을 그냥 가고
여자는 움직일 줄 모른다

여자는 손차양을 하며
젖은 속눈썹을 가린다

저만치 안목 해변에 가려는 사람들이 웅성거린다
여자를 찾아 두리번거린다

해설

죽임을 살림으로 바꾸는
마녀의 시

황규관(시인)

1

 시는 무용(無用)한 것이라는데 시에게 무언가 해주기를 바라는 것은 공리(功利)적인 자세인 걸까? 이 질문에 답하기에 앞서 시가 어째서 무용한 것인지를 먼저 따져야 순서가 맞을 것 같다. 왜냐면 시가 무용한 것이라는 명제를 아무 회의 없이 받아들인다면 이것이야말로 시에 대한 굳은 공리(公理)가 되기 때문이다. 대체로 시의 무용성에는 두 가지 뜻이 함축돼 있는 것 같다. 하나는, 시는 현실 세계에 구체적인 작용을 하지 못한다는 것이고, 다음으로 시는 실생활의 '필요'(needs)가 될 수 없다는 것일 게다. 그런데 전자는 자칫하면 시의 무력함과 이어질 수도 있고 후자는 자본주의 사회에서 시가 갖는 특유의 위상, 즉 '상품 불가능성'과 관련돼 있다. 근본적으로는 두 가지 의미가 같은 연원을 갖는지 모른다.

시가 만일 실생활의 필요가 될 수 있다면 무용하다느니 무력하다느니 하는 말은 성립되지 않기 때문이다. 반대로 시가 유용하다면 유형적인 차원이든 무형적인 맥락이든 필요를 갖는다는 말이 되기도 한다. 여기서 시에 대한 이러한 일반적인 명제의 출처나 출전을 따질 필요는 없을 것 같다. 어디까지나 이것들은 경험적 진실이기 때문이다.

하지만 시의 무용성에 대한 위와 같은 언명에 태연하게 머물게 되면 우리는 시에 대한 다른 사유와 경험을 얻지 못하게 되는 것은 아닐까? 이런 의문은 혹 시가 유용할 수도 있음을 전제하는 것은 아니다. 다만 무용성은 의미적으로 유용성의 상대 개념이기 때문에 자칫하면 무용이냐 유용이냐 하는 양자택일을 강요할 수도 있다는 우려가 자연스레 고개를 들기 마련이다. 따라서 유, 무용에 대한 더 이상의 언급은 서로가 꼬리를 물고 제자리에서 맴도는 꼴에 빠지기 십상이다. 그렇다면 시에 대한 다른 사유와 경험이란 대체 무엇을 가리키는 것일까? 이것은 정답을 요구하는 시험지의 문제가 아니기 때문에, 이럴 때는 서둘러 구체적인 작품 안으로 물음을 던져넣는 게 현명할뿐더러 관념적인 뇌까림의 순환에서 벗어날 수 있다.

2

 김선향 시인의 세 번째 시집 『어쩌자고 너의 뺨에 손을 댔을까』를 관통하는 정서의 제1축을 꼽으라면 그것은 '자유'일 것이다. 자유라니? 이런 고색창연하고도 닳을 대로 닳은 의미를 먼저 내세우는 것은 시 읽기의 나태함 때문에 벌어진 현상이 아닐까. 이제껏 '자유'는 근대민주주의가 내세우는, 좌와 우를 가리지 않고 아무렇지 않게 말해지는, 너무도 상투적인 가치가 아닐까. 봉건적 속박과 예속으로부터 실존적 자유, 독재자의 억압과 통제로부터의 정치적 자유, 단지 생존에 허덕이게 하는 경제적 질곡과 모순으로부터의 자유, 여성들이 아직도 벗어나지 못한 가부장적 체제로부터의 자유 등등 아무래도 자유의 의미는 근대라는 역사적 국면과 어떻게든 결부되어 있으면서도 다소 맥이 빠지는 가치 언어에 가깝다고 볼 수 있다.

 이 시집에 실린 적잖은 이주노동자에 대한 시를 읽다 보면 독자들은 김선향 시인이 가진 현실 인식 근처에 먼저 마음이 정박할지도 모른다. 이주노동자 문제에 대한 종합적이고 근원적인 인식은 아니지만 시인이 함께 살아왔던 것으로 보이는 이주노동자들의 슬픔과 비극이 고스란히 드러나 있기 때문이다. 한국 사회라는 엑스레이 광선을 쏘였을 때 드러나는 이들의 처지는 웃음이라고는 찾아보기 힘들다. 「호구라는 말」에서는 이들의 무구함이 해학적으로 그려지는 것 같지만, 어쩔 수 없이 아픈 삶의 내력과 형태들을 물고서 독자의 가슴으로 육박해 들어온다. 이에 관한 보다 구체적인 다른 예는 다음 작품이다.

>베트남 사람 TRẦN ANH ĐÔNG의
>한국 이름은 천안동입니다
>
>흰 포대기로 싼 주검을 부둥켜안고
>그는 서 있습니다
>
>영문도 모른 채
>
>두 눈을 감고
>어금니를 꽉 물고
>
>―「피에타」 부분

네, 솔직히 말씀드리자면 한국에 돈 벌러 왔어요. 가난이 너무 싫었어요. 네, 맞아요. 건설 현장에 불법 취업을 했어요. 부모님까지 가족 6명이 제 등에 매달려 있으니까요. 고향에 매달 생활비를 보내야 하고 유학 올 때 브로커에게 들어간 빚도 갚아야 했죠. 택시비를 아끼려고 한겨울 새벽길을 30분씩 걸어 기숙사에 가곤 했어요. 옷도 사지 않았어요.

오늘 죽은 우리 두 사람이 한국 사람이 아니라서 얼마나 다행일까요. 보상금이 몇 배나 적게 들겠죠. 가족이 없으니 성가신 일도 없겠죠. 제 목숨 값이 얼마나 될지 저도 너무너무 궁금해요. 과연 건장한 30대 베트남 사내의 몸값은 얼마일까요.

—「나는 얼마입니까?」 부분

편의상 두 작품의 일부를 인용했지만 이와 유사한 내용을 담은 작품들은 이 시집에서 다수를 차지한다. 위 두 작품은 '죽음'을 다루고 있다는 공통점이 있다. 「피에타」에서는 아이의 죽음이, 「나는 얼마입니까?」에서는 시의 화자 자신의 죽음이 그려져 있다. 개별적인 연유야 다를 수 있지만 공통적인 것은 이들에게 한국 사회는 죽음의 땅이라는 점이다. 사람은 누구나 태어나서 죽는 것이야 항변할 수 없는 진실이지만 이들의 죽음이 비극적 정조를 띠는 것은 단순히 남의 나라 땅에서 맞은 죽음이기 때문만은 아니다. 「피에타」에서 아이의 죽음을 받아 안은 아빠 '천안동'이 "허리 수술 후 실업급여로 살아갑니다/ 그래도 내년 봄 아들의 첫돌에는// 한국 사람들처럼/ 허름한 빌라에 사는 이웃들에게/ 백설기를 돌리고 싶었습니다"라고 했듯이 이들에게 한국은 가난을 벗어나기 위한 현실적 탈출구인 동시에 한편으로는 마음을 준 나라이기도 하다. 그것은 「나는 얼마입니까?」도 마찬가지다. 이 작품은 '원도산'이 남긴 자기소개서와 그가 작품에 드러나지 않은 다른 화자에게 남긴 편지로 이루어져 있는데, 이 편지에서 '원도산'은 "선생님이 제 걱정을 많이 하셨을 텐데요. 선생님은 눈처럼 차갑게 구셨지만 얼마나 따뜻한지 저는 잘 알아요"라고 말하는 것처럼 한국을 '사랑'했다.

우리는 '천안동'과 '원도산'이라는 한국 이름을 가진 이들의 사랑이 구체적으로 무엇인지 알지 못한다. 또 시를 쓴 시인과의 현실적 관계가 어떠한 것인지 따지고 들 필요도 없다. 이들 시에서 중요한 것은 어떤 현실적 사태보다는 한국이라는 땅에 와서 삶을 꾸려가고 싶었던 그들의 '진짜' 마음을 시인이 알았다는 것이다. 그들이 한국에 와서 살고자 했던 이유는, 첫째로는 그들 나라의 경제적 빈곤에서 벗어나는 것이지만 사람의 마음이라는 것이 처음에 품었던 목적에만 귀속되는 게 아니다. 사람의 마음이나 정신은 기계적인 인과율에 지배되지 않기 때문이다. 그렇다면 이들이 한국이라는 낯선 땅에 와서 겪은 경험에 어떤 아름다움이 섞여 들어와서 사랑의 감정을 갖게 된 것일까?

「80㎝」라는 시에는 또다시 어린 생명의 죽음이 다뤄

지고 「하노이에서 온 사람들」에서는 반대로 시인으로 추정되는 시의 화자가 "환불을 받으러/ 학교에 들이닥친" 베트남 부모들과 한국행을 알선한 "에이전시 대표"에게 둘러싸여 곤욕을 치르는 장면이 펼쳐진다. 여기서 화자가 취할 수 있는 태도는 말할 수 없는 미안함과 아무것도 할 수 있는 게 없어서 차라리 "보이스피싱 전화"를 기다리는 것밖에는 없다. 우리는 시의 화자가 어떤 상황에 처해졌는지 구체적으로는 알 수 없지만 서로가 서로의 곤란에 뒤엉켜 있는 현장을 목도하게 된다.

곤란과 곤란의 상호작용과 되먹임은 실제 현실에서는 그렇게 좋지 않은 결과를 가져오기 마련이다. 일반적으로는 자기의 곤란을 타인에게 떠넘겨야 그 곤란에서 벗어날 것 같은 심리가 형성된다. 「하노이에서 온 사람들」에서도 시의 화자는 "수술을 못해서 누군가 죽으면 책임질 거냐며 윽박"지르는 상황에서 벗어나고 싶어 한다. 이런 진퇴양난은 누구나 한 번쯤 경험했음 직한 상황이며 순간만이라도 숨을 쉬고 싶다는 생각을 갖게 하기 마련이다. 그렇다고 해서 이 시에서 시의 화자가 자기 곤란을 베트남 부모들과 에이전시 대표에게 전가하거나 또는 자신을 곤란하게 하는 그들을 원망하는 것도 아니다. 조금 다른 상황이 그려진 「후문들」이라는 작품에는 어학연수를 받으러 왔다가 이탈한 "너희들"에 대해 이렇게 말한다. "돈 많이 벌어 고향에 보내 주렴/ 토끼몰이식 불법체류자 단속에 걸려/ 붙잡히지는 마!/ 죽지도 마!// 어서 도망쳐!/ 더 깊숙한 곳으로".

여기까지 읽고 나면 시인은 현재 베트남이나 네팔, 아무튼 한국보다 가난한 나라에서 온 학생들(원래는 이주노동자가 아닌!)과 관계된 존재이며, 이들은 자꾸 어디론가 이탈해 돈을 벌려고 한다는 것을 알게 된다. 그리고 그 돈 때문에 죽음을 맞는 한국의 현실을 고발하고 있는 것도 알 수 있다. 또는 그 죽음이 아주 저렴한 비용으로 '처리'되고 있음을 경험하면서 고통스러워 하고 있는 중이다. 일단 "너희들"의 한국에 대한 감정은 시인이 해석한 것이니 깊게 논하지 않는다고 하더라도 시인의 "너희들"에 대한 감정은 사랑의 감정임은 분명하다. 그렇지 않고서야 죽은 아이의 뺨에 댄 손바닥에 "화인"이 남을 수 없는 것이다.(「80㎝」)

3

다시 앞으로 돌아가서, 그렇다면 김선향 시인의 중심 정서가 자유라는 것이 무슨 말인가? 이 점을 느끼려면 아무래도 시인의 또 다른 내면으로 들어가 봐야 하는데, 문제는 "너희들"에 대한 사랑의 감정이 어떻게 자유와 연관되냐는 것이다. 시 읽기의 힘듦과 기쁨은 범주적으로 한패가 아닌 의미와 상징, 가치들이 공통된 연원을 갖는다는 사실을 느끼고 그 느낌의 근거를 찾아 여정을 나서는 일에서 파생된다. 여기서 '공통된 연원'은 한 시집에 담긴 시인의 정서가 모두 단 한 가지라는 뜻을 갖는 것은 아니다. 몸이 여러 부분들의 연합이듯이 정서 또한 부분 충동들의 모음인 것은 확실하다. 하지만 연합이든 모음이든 그것은 공통된 장을 형성해야 유기체를 존속, 유지시킨다는 것도 실제적 진실이다. 부분의 독자성을 강조하면 분열증으로 빠지듯이 공통의 신화에 빠지면 전체주의적인 도그마에서 헤어나오지 못한다. 어쩌면 우리의 영혼은 분열하려는 원심력과 하나(一)에 안주하려는 구심력의 긴장 사이에서 만들어지는지도 모른다. 김선향 시인의 이번 시집 또한 시인 주위의 이웃과 타자들에 대한 지극한 마음과 시인의 내면에서 출렁이는 리비도의 형태화로 양분(?)돼 있다.

첫 시집 『여자의 정면』에서 보였던 일탈과 질주의 에너지만큼은 아니지만 여전히 김선향 시인의 내면에는 상투화된 습속과 일상에서 벗어나려는 욕망이 여전하다. 첫 시집의 일탈과 질주의 에너지도 사실 제도와 문화에 억눌린 여성성의 그것이고 이번 시집에서 출렁이는 리비도도 여성적 삶에 대한 욕망과 무관하지 않다.

도리어 여성적 삶에 대한 욕망의 충실이 외화된 것이 바로 이웃과 타자들에 대한 지극한 마음일 것이다. 앞에서 보았듯 시인이 생활 속에서 마주친 외국인 학생(노동자)에 대한 사랑의 감정은 리얼리스트적 면모로 나타난 경우이고, 나중에 보면 알겠지만, 주위의 평범한 여성들에 대한 연민의 감정도 소박하지만 리얼리스트적 윤리를 몸에 지니고 있지 않으면 발화될 수 없는 언어들이다. 하지만 그 전에 들러야 할 데가 바로 시인 자신의 내면이 펼쳐지는 시편들이다.

>느릿느릿
>걷기만 하던 소들이
>
>말처럼 달린다
>하이에나처럼 울면서
>
>자유를 선언하듯
>호방하게 질주한다
>
>―「봄밤」 부분

>당장 꽃집 '플레르 당상'에 가서
>노란 꽃을 사 올게요

어쩐지 꽃은 받아줄 것만 같아서요

　　춤추는 꽃처럼 터질까요, 우리
　　발레리나처럼 뛰어오를까요, 우리

　　　　　　　　　　　　　　—「금촌역 그 여자」 부분

　「봄밤」은 "경기대 후문 앞 광교산로에" 출몰한 "열세 마리의 소"를 보고 느끼는 해방감을 노래한 시인데 이 소들은 "인근 목장에서 탈주한 소들"이다. 가끔 동물원을 탈주한 동물이 잡히지 않길 바라는 시민들의 반응들을 접하는데, 어쩌면 이런 현상은 대도시에 사는 삶이 울타리에 갇힌 것과 다를 게 없다는 무의식이 터뜨리는 탄성일 것이다. 이 시에서 시인은 "탈주한 소들"을 만나자 "사나흘 내 목에 걸려 있던 사과 조각이/ 툭, 튀어나올 것만 같"다고 하거니와 자신도 불편한 몸 상태에 아랑곳없이 "탈주에 가담하고" 싶다고 말한다. 그렇다면 이 탈주의 욕망은 단지 갑갑한 일상을 벗어나고 싶은 일차원적인 심리인 것일까?
　「금촌역 그 여자」에서 시인은 "금은방 계단참에 종일 앉아" 있는, "으어어어, 웅얼거림만" 남은 여자에게 노란 꽃을 줄 테니 "춤추는 꽃처럼" 함께 터지자고 말한다. 참고로 인용 부분의 바로 앞 연 "나는 무슨 일로/ 당신 앞에 오래 서 있는 걸까요"는 흡사 김소월의 「개여울」의 "날마다 개여울에/ 나와 앉아서/ 하염없이 무엇을 생각합니다"를 연상시키는데, 김선향이나 김소월이나 그러한 자신의 소이연(所以然)을 모른다고 고백하는 공통점이 있다. 이 '모름'의 정체가 무엇인지 여기서 굳이 따질 필요는 없을 것 같다. 모른다고 할 때의 그 막막함이 울리는 진동은 그것대로 놔두는 것도 시를 읽는 묘미이기 때문이다.

시는 시인의 '앎'을 진술하는 것이라기보다는 '모름' 상태에서 몸과 영혼이 먼저 움직이더라는 사실을 때로는 직설로 때로는 비유로 말하는 것인데, 김선향의 "발레리나처럼 뛰어"오르자는 손내밈, 나는 이것이 이번 시집에서 김선향 시인이 성취한 도덕 감정이라고 보는 쪽이다. 「후문들」에서 보여준 "어서 도망쳐!/ 더 깊숙한 곳으로"라는 다급한 외침도 시인 자신의 욕망으로 읽을 수 있다. 정확히 말하면 시인 자신의 욕망은 이제 개인의 것임을 넘어 타자들의 삶과 존재에 겹쳐 있다고 읽는 게 보다 정확할 것이다. 그런데 이게 단순한 탈주의 욕망만 아닌 것이, 「금촌역 그 여자」에서는 "춤추는 꽃처럼"과 "발레리나처럼"에 집약돼 있고, 「후문들」에서는 마지막 연에 활짝 피어나 있다. "우리 학교 마당 담벼락엔/ 염천(炎天) 아래/ 너희들을 닮은 능소화가 흐드러졌단다". 하지만 탈주가 꽃이 되는 사태는 그렇게 간단한 사태가 아니다. 이것은 존재를 거는 탈주일 때만 존재론적 전환이 이루어지는 것과 같은 이치다. 존재를 건다는 것은 그럼 무슨 말인가? 그것에 대해서는 다음의 인용으로 대신하겠다.

> 세상 사람들이
> 손가락질을 하거나 말거나
> 자초해
> 가시밭길을 걷는 여자
>
> 허연 정강이에서
> 피가 흐르거나 말거나
> 눈길 한 번 주지 않고
>
> 세상 사람들이 멸시를 하거나 말거나
> 고개 한 번 숙이는 법 없이
>
> ―「나혜석」 부분

김선향 시인의 시가 거의 대부분 여성들에 대한 손내밈에 집중돼 있다고 해서 섣불리 연대 운운하는 것은 상투적인 판단이다. 아무래도 연대는 의식의 층위에서 이루어지지만 김선향의 시는 그보다 더 아래 심급인 몸의 연결에 가깝기 때문이다. 비근한 예로, "해초처럼 긴 머리카락을 자르고/ 절벽과 암초로 둘러싸인/ 세이렌의 섬에 닿을 때까지"(「춤추며 타오르며」) 같은 구절이나 "당신은 신중하게 내 몸 곳곳에 침을 놓기 바쁘군요 베갯잇에 스며든 희미한 내 냄새를 당신은 채집할까요/ 얼음장이 풀린 오늘은 봄빛이 우릴 감싸주네요"(「앞을 볼 수도 없는 당신에게」)에서 보여주는 몸성(性)은 관능의 단계를 넘어선 깊이가 펼쳐주는 새로운 지평을 가리키지 않는가? 되풀이 말하자면 이제 김선향 시인의 몸이 반쯤 담긴 곳은 "봄빛이" 감싸주는 여기에-없는-다른-세계다. 그리고 이 세계는 이런저런 개념적 또는 근대적 의미에 속박된 자유와는 다른 자유의 세계이며 이 자유를 우리는 급진적인 해방의 시간이라고도 부를 수 있다. 하지만 이 해방의 시간은 관념적인 초월의 포즈로는 어림없고 오직 시인이 살고 있는 세계와 함께 도약해야 가능한 존재의 해방일 것이다.

근원적인 의미에서의 해방은 정치적인 기획을 (포함하며) 넘어서는 꿈을 통해 추구될 수 있는 것이다. 이미 김선향은 두 번째 시집인 『F등급 여자』에서 일본군 '위안부' 할머니의 고통에 참여한 바 있는데, 김선향의 손내밈은 단지 현재의 여성에게만 국한되지 않는다. 이미 살

펴봤듯이 이번 시집에서도 '세계-내에-함께-존재'하는 여성들과 김선향의 몸과 마음은 연결되어 있거니와 여기서 세계는 단지 국제적인 의미에 국한되지 않는다. 하지만 국가와 국가 사이의 경계를 훌쩍 넘어버린 사례는, 앞에서 언급한 자신이 가르치고 있는 외국인 학생들에 대한 작품들 외에도 「게릴라 걸스」, 「드라우파디」, 「띤 띤의 편지」, 「오른다」 등이 해당된다.

그리고 보면 김선향의 시에는 여성과 여성, 여성 대 여성, 여성을 넘어선 여성으로 가득 차 있는 것만 같다. 이는 시의 내용에 여성이 등장한다는 실증적인 사실을 가리키는 것이 아니라 여성에 의한, 여성을 위한, 여성의 시라는 뜻이다. 김선향에게는 역사적 사건에게 심대한 상처를 입은 존재도 여성이고, 어딘가로 내몰린 존재도 여성이며, 지금 슬픔의 질곡에 빠진 존재도, 그것을 넘어서려 연대하고 봉기하는 존재도 여성이다. 「말과 함께 눈을」에서 "아름다운 등과 엉덩이와 갈기"를 가진 말도 어쩐지 여성 같고, 「파초 아래」에서 "얕은 잠에 빠진" 여성 옆의 "파초"도 여성이 낳은 여성 같으며, "단단한 밤의 장막을 발톱으로 찢"는(「흡혈박쥐」) 흡혈박쥐는 아예 지독하고 강인한 생명력을 가진 여성의 페르소나다. "네 피를 마실수록 내 피는 오히려 마르지, 식으며 죽어가지, 다시 살아"나다 못해 심지어 "전염병을 옮길" 의지로 불타는 마녀!

　김선향의 내면에 웅크리고 있는 마녀는 그러나 파괴하는 마녀가 아니라 보듬고, 쓰다듬고, 같이 우는 마녀다. 이렇게 선한 존재를 마녀라고 부를 수 있느냐는 항변이 있을 수 있지만, 그것은 마녀에 대한 부정적인 인식에서 뻗어지는 피상적인 언사일 뿐이다. 진정한 마녀는 무언가를 바꾸려는 의지로 충만한 여자이며, "자기 시체를 밟고서라도" "가시덤불 속으로/ 기어이/ 도로 들어가는 여자"(「나혜석」), "휩쓸리지 않도록 서로 부둥켜" 안고 "온몸으로 눈을 맞는"(「말과 함께 눈을」) 여자다. 그리고 우리에게 지금 절실한 마녀는 죽임을 살림으로 바꾸는 마녀일 것이다. 결론적으로 김선향의 자유는 살고자/살리고자 하는 자유에 다름 아니다.

4

　시가 무엇인가를 말하려면 결국 작품화된 결과물을 가지고 말할 수밖에 없다. 그렇다면 작품화란 무엇인가. 그것은 단적으로 말해 어떤 형태를 '빚어 세우는 것'이다. 시는 세계의 비밀과 진실, 삶의 고통과 기쁨 등을 길어와 언어와 리듬의 형태로 우리의 평평해진 감각을 출렁이게 한다. 하지만 오늘날과 같은 '감각의 제국'에서는 시를 감각 안에 가둬서는 위험하기만 하다. 분명한 것은 시가 작품으로 나타나려면 감각 작용을 불러일으켜야 하며, 시가 언어로 빚어지는 이상 작품에 시인의 이성과 정신이 포함되는 것은 마땅한 일이다. 몸과 영혼은 이성과 정신 없이 이루어지지 않는다. 그리고 그 역도 마찬가지다. 이 모든 것이 세계의 비밀과 진실, 삶의 고통과 기쁨과 부딪칠 때, 사실의 세계 아래로 깊이 파고드는 과정 속에서 시는 형태를 얻는다. 즉 형태가 모든 사태를 앞질러서 선험적으로 주어지는 것이 아니라는 것이다.

따라서 형태의 모양새나 미적 형식은 저 부딪침 혹은 심연을 파고드는 과정 속에서 사후적으로 만들어진다. 그리고 작품 안으로 독자를 끌어 앉히는 일은 형태의 모양새나 미적 형식이 아니라 시인이 얼마만큼 그리고 어떻게 '부딪치며 파고드는 과정'에 자신을 던져넣느냐에 따라 판가름난다. 물론 모든 결과물에 대한 평가는 문화적으로 결정됨과 동시에 그 한도 내에서 냉정할 수밖에 없다. 하지만 평가 행위는 재판 행위가 아니다. 그것은 참여의 행위이며 작품 안에 자기 존재를 이전시키는 행위이다. 이를 일러 하이데거는 예술작품의 보존이라고 했는데, 이 보존까지가 예술작품인 것이다.

김선향 시인의 시를 온당하게 평가하고 보존하기 위

해서는 시의 내부 온도를 단지 미학적 온도계로 측정할 것이 아니라 시의 내부에 직접 몸을 담그는 마녀-되기를 '함께' 수행해야 할 것이다.

청색지시선 13

어쩌자고 너의 뺨에 손을 댔을까
김선향 시집

초판 1쇄 발행 2025년 5월 9일

지은이	김선향
펴낸곳	청색종이
펴낸이	김태형
인쇄	범선문화인쇄
등록	2015년 4월 23일 제374-2015-000043호
주소	서울시 영등포구 문래동2가 14-15
	경기도 양평군 옥천면 웃새말길 53
전화	010-4327-3810
팩스	02-6280-5813
이메일	bluepaperk@gmail.com
홈페이지	bluepaperk.com

ⓒ 김선향, 2025

ISBN 979-11-93509-15-9 03810

이 책은 저작권법에 따라 보호받는 저작물이므로 저작권자와 출판사의 허락을 받아야 복제하거나 다른 용도로 사용할 수 있습니다.

값 12,000원